대출·카드연체금 지급명령에 대한 실무지침서

지급명령 이의신청서 답변서 작성방법

금융기관의 대출연체금·카드사의 신용카드 이용대금 연체금·대부업체의 양수금 청구

편저 : 대한법률콘텐츠연구회

📖 법문북스

대출·카드연체금 지급명령에 대한 실무지침서

지급명령
이의신청서
답변서 작성방법

금융기관의 대출연체금·카드사의 신용카드 이용대금 연체금·대부업체의 양수금 청구

편저 : 대한법률콘텐츠연구회

📖 법문북스

머 리 말

수많은 분들은 자기자본으로 사업을 하다가도 어쩔 수 없는 사정으로 금융기관으로 하여금 대출을 받아 운영하였지만 경영이 순조롭기 못한 바람에 결과가 만족하지 못해 어려움을 겪고 있습니다. 개인 사업을 하시는 분 10명 중에 4명은 금융기관의 대출금이나 카드사의 신용카드이용대금의 부채가 있는 것으로 알고 있습니다.

금융기관의 대출금이나 카드사의 신용카드이용대금은 상법 제64조에 의하여 금융채무는 5년간 이를 행사하지 않으면 추심을 포기한 채권으로 소멸시효가 완성되어 청구권이 소멸됩니다. 이는 금융기관에서 채권에 대한 추심을 포기한 뜻으로 금융회사가 빚을 돌려받기 위한 법적 조치를 취하지 않아 채무자가 빚을 갚지 않아도 되는 채권이라는 뜻입니다. 말하자면 금융채무의 소멸시효는 상법 제64조에 의하여 채무자가 대출 또는 카드연체 원리금을 연체한 날부터 5년이 지나면 소멸합니다.

금융기관이나 카드사는 소멸시효가 완성되기 직전에 일부 대부업체나 채권추심업체에게 헐값에 매각하고 이미 소멸시효가 완성되어 청구권이 소멸된 대출금이나 카드연체금 채권은 덤으로 넘겨받는 등 유사한 대부업체들끼리 소멸시효가 완성되지 않은 것처럼 위장하기 위한 방법으로 양도·양수가 오고간 다음 법을 잘 모르는 채무자를 상대로 지급명령신청을 하고 있습니다.

시효가 소멸한 채권은 채무자의 변제 의무가 없어지지만 채무자가 금융 채무 빚 일부를 채무자가 상환하면 다시 부활하여 이때부터 소멸시효가 시작되어 부당한 채권추심행위에 노출되는 경우가 굉장히 많습니다. 일상생활에서 우리는 무수한 금전관련거래를 하고 있으며 인간으로서 사회생활을 하는 한 지속적으로 이러한 문제로부터 벗어날 수 없으며 그렇기 때문에 법적인 분쟁이 끊임없이 일어나게 마련입니다.

우리 법문북스에서는 채무자가 스스로 대부업체 등이 신청한 지급명령을 송달받았으면 소멸시효가 완성된 채권의 여부를 확인할 수 있고 지급명령신청에 대응하여 이의신청을 하는 방법과 그리고 청구기각을 구하는 답변서를 작성해 제출함으로써 대부업체 등이 청구한 지급명령을 각하시키는 그 절차와 방법을 보다 자세히 알려드리고 영원히 그 채무에서 벗어날 수 있도록 하는 지침서를 적극 권장하고 싶습니다.

2022.09.
편저자 드림

지급명령 이의신청서 · 답변서

지급명령
이의신청서·답변서

제1장. 지급명령에 대하여

가. 대부업체나 채권추심업체의 지급명령신청

지급명령은 금전 기타의 대체물 또는 유가증권의 일정 수량의 지급을 목적으로 하는 청구에 관하여 채권자의 일방적 신청이 있으면 채무자를 심문하지 않고 채무자에게 그 지급을 명하는 재판을 말합니다. 실무에서는 지급명령을 독촉절차라고도 부릅니다.

지급명령은 채무자의 보통재판 적 소재지나 근무지 또는 사무소 · 영업소의 특별재판 적 소재지를 관할하는 지방법원에 전속관할이고, 지급명령을 할 수 없거나 관할위반이거나 청구가 이유 없음이 명백한 경우에는 결정으로 지급명령신청을 각하하며, 이에 대해서는 불복신청을 할 수 없습니다.

채무자는 지급명령이 송달된 날로부터 2주일(14일) 내에 이의신청을 할 수 있습니다. 채무자가 이의신청을 한 때에는 이의 신청된 그 범위 내에서 지급명령은 실효(효력을 잃습니다)됩니다. 법원은 이의신청이 적법하지 않다고 인정한 때에는 결정으로 이를 각하하여야 하며, 이 결정에 대해서는 즉시 항고를 할 수 있습니다. 채무자의 적법한 이의신청이 있는 때에는 지급명령은 바로 소송으로 이행하게 되는데, 이때 지급명령을 신청한 때에 소를 제기한 것으로 간주합니다.

나. 지급명령의 확정절차

지급명령에 대하여 채무자의 이의신청이 없거나 채무자가 이의신청을 취하하거나 이의신청의 기간을 도과하여 제출된 경우는 이의신청이 부적법하여 각하결정을 하고 각하결정이 확정된 때에는 지급명령은 확정되고 확정된 지급명령에는 확정판결과 같은 기판력이 생기는 것은 아니지만 집행력과 확정력이 부여되어 바로 강제집행을 할 수 있는 집행권원이 되기 때문에 이로써 지급명령신청사건은 모두 종료됩니다.

판결절차 외에 독촉절차를 둔 것은 채무자의 자발적 이행을 촉구하는 동시에 채권자를 위하여 수고와 비용의 부담을 덜어 주고 간이·신속하게 집행권원을 얻게 하기 위한 것입니다.

다. 지급명령의 신청 범위

독촉절차에 있어서 채권자의 청구취지에 일치하는 목적물의 지급을 명하는 내용의 재판을 말하는 것이므로 금전 기타의 대체물(동 종류의 물건으로 바꿀 수 있는 물건 예를 들어 금전, 공사대금, 물품대금이나 손해배상금 등)이나 유가증권의 일정수량의 지급을 목적으로 하는 청구에 대하여, 법원은 채권자의 일방적인 신청이 있으면 채무자의 참여 없이 심문을 하지 않고 채무자에게 그 지급을 명하는 재판인 지급명령을 할 수 있습니다.

라. 지급명령의 특징

지급명령에 대해서는 청구의 가액에 상관없이 (1) 소제기 (2) 변론 (3) 판결 그리고 당사자를 소환하지 않고 심문을 하지 않으며 (4) 소명방법이 불필요하고 (5) 인지대가 통상의 소송에 비하여 10분의 1밖에 되지 않는다는 것이 지급명령의 신청에 특징입니다.

마. 대부업체나 채권추심업체가 지급명령을 신청하는 이유

일부 대부업체나 채권추심업체들이 지급명령을 신청하는 이유는 금융기관이나 카드사의 연체금을 양수받을 때 소멸시효 완성 여부 등의 과거 기록이 모두 삭제되었거나 소명자료를 넘겨받지 못한 상태로 헐값에 매수하였거나 이미 소멸시효가 완성되어 청구권이 소멸된 대출금이나 카드연체금 채권은 덤으로 그냥 넘겨받은 것이 대부분이므로 지급명령을 신청하면 소멸시효 완성 여부 등의 과거 연체기록의 소명방법이 불필요한 상태로 채무자에게 지급명령을 발하고 채무자가 이의신청을 하지 않을 경우 금융기관의 대출금이나 카드사의 신용카드이용대금에 대한 채무자의 빚의 부활이 가능하기 때문에 채무자를 상대로 일부 대부업체나 채권추심업체들이 채무자를 상대로 양수금청구 지급명령을 신청하고 있습니다.

제2장. 지급명령 이의신청에 대하여

가. 지급명령에 대한 이의신청

채무자는 지급명령정본을 송달받은 날부터 2주일(14일) 이내에 이의신청을 할 수 있습니다.

지급명령에 대하여 채무자의 이의신청이 있으면 지급명령은 이의신청된 그 범위 내에서 실효(효력을 잃습니다)되고 이의신청된 청구목적의 값(소가)에 한하여 지급명령 신청 시에 소의 제기가 있는 것으로 간주하여 바로 소송절차로 옮겨집니다.

이의신청에는 특별한 방법이 없으므로 채무자가 지급명령에 응할 하등의 이유가 없다는 취지만 명시되면 되고, 불복의 이유나 방어방법까지 이의신청에서 밝힐 필요는 없습니다.

법원은 채권자가 제출한 지급명령신청만을 근거로 하여 각하사유만 없으면 곧바로 채무자에의 이행명령으로 지급명령을 아무런 심리도 없이 편면적인 서면심리만으로 발하는 것이므로 당연히 채무자에게 이의신청을 할 수 있는 권리를 보장해 주기 위한 취지입니다.

나. 이의신청의 기간

이의신청을 할 수 있는 2주일(14일)의 기간은 채무자가 지급명령을 송달받은 다음 날부터 기산하여 기간의 말일의 종료로써 만료됩니다.

기간의 말일이 토요일이거나 공휴일에 해당하는 경우에는 그 다음날의 종료로써 만료됩니다. 기간의 말일이 추석과 같은 연휴의 초일이나 중간에 해당하는 때에는 그 연휴기간의 종료 다음날의 종료로써 만료됩니다.

다. 이의신청 기간 준수

채무자들이 지급명령에 대한 이의신청을 하면서 이의신청기간을 잘못 이해하고 이의신청서를 우편으로 법원에 발송하면서 이의신청서가 이의신청기간이 지난 후에 법원에 도착하는 경우 지급명령의 이의신청은 부적법하여 각하되는 사례가 가장 많습니다. 그러므로 지급명령에 대하여 이의신청을 하실 때에는 반드시 법원에 도착하는 시간을 감안하여 최소한 3일 내지 4일 전에는 이의신청서를 법원으로 발송하여야 합니다.

라. 이의신청의 방법

이의신청서는 특별히 정해진 양식이나 서식은 없지만 이의에는 채무자가 지급명령에 응할 하등의 이유가 없다는 취지만 명시되면 족하고, 이의신청서에는 불복의 이유나 방어방법으로 부인이나 항변의 이유까지 기재할 필요는 없습니다.

실무에서는 이의신청서에 불복의 이유나 방어방법으로 부인 또는 항변의 구체적인 이유를 기재하여 제출하거나 별도로 답변서를 작성하여 이의신청서와 동시에 같이 제출하고 있습니다.

마. 소송으로의 준비

채무자로서는 법원으로부터 지급명령을 송달받았으면 바로 법원으로 가서 채권자가 제출한 지급명령신청기록을 열람 또는 등사 신청하여 체권자가 법원에 제출한 소명자료 등을 면밀히 비교, 검토한 후에 이의신청을 하거나 채권자의 터무니없는 청구에 대응하여 소송을 준비하여야 합니다.

수많은 채무자들은 지급명령을 송달받고 이의신청서만 제출한 상태로 그 이후 법원에서 오는 우편물을 일체 수령하지 않는 등 대응을 제대로 하지 않아 판결이 확정되어 강제집행을 당할 경우 청구이의의 소를 제기하는 등 강제집행의 잠정처분으로 집행정지를 하여야 하는 등 손실이 뒤 따를 수 있으므로 이의신청을 하고 동시에 답변서를 작성해 내는 등 적극적으로 채권자의 부적법한 청구에 대응하여야 합니다.

제3장. 지급명령 답변서에 대하여

제1절

가. 지급명령 답변서 작성방법

답변서에는 준비서면에 관한 사항을 준용하도록 규정되어 있습니다. 민사소송법이 요구하는 기재사항을 그대로 반영한 답변서의 작성요령은 아래와 같습니다.

ㄱ 표지 - 답변서

ㄴ 사건 - 차(차전)

ㄷ 채권자 - 성명

ㄹ 채무자 - 성명을 간략하게 표시하여야 합니다.

ㅁ 위 사건에 관하여 채무자는 다음과 같이 답변합니다.

ㅂ - 다음 -

ㅅ 신청취지에 대한 답변

① 채권자의 청구를 기각한다.

② 소송비용은 채권자의 부담으로 한다.

③ 라는 판결을 구합니다.

지급명령 답변서에는 준비서면과는 달리 채권자의 청구취지에 대한 답변을 따로 기재하여야 합니다.

◎ 청구원인에 대한 답변

① 다툼이 없는 사실 채권자가 주장하는 각 사실 중 어느 부분의 사실은 다툼이 없지만, 다음에서 말씀 드리는 이 사건의 경우에 반하는 나머지 각 사실은 이를 부인합니다.

② 이 사건의 경위(중략)

③ (중략)

④ (중략)

⑤ (중략) 이상과 같이 원고의 청구는 이유 없으므로 이를 모두 기각하여 주시기 바랍니다.

⑥ 라고 기재하시면 됩니다.

사건별로 쟁점, 진행경과 및 효과적인 접근방법이 다양하므로 모든 사건에 공통적인 모범적인 답변서에 제시하는 것은 불가능에 가깝습니다. 채권자의 청구원인을 면밀히 분석하여 인정할 부분과 부인할 부분을 미리 구분하여 부인할 부분에 대하여 구체적인 이유를 밝혀야 하고, 인정할 부분에 대하여도 항변사유가 있으면 항변과 동시에 그에 대한 이유를 밝혀야 합니다.

이러한 목적 때문에 다툼이 없는 사실 부분을 형식적이나마 별도의 목차로 잡고 답변서를 작성하는 것이 바람직합니다. 채권자의 사실관계의 주장이 터무니없는 경우에는 따로 목차를 잡아 '이 사건 경위'를 정리하는 것도 한 가지 방법입니다. 그러나 답변서는 너무 장황해져서는 아니 되며 채권자의 주장과 차이가 있는 부분에 관해서는 증거방법에 의하여 답변서의 주장이 제대로 뒷받침되어야 효과적입니다. 기본적으로는 쟁점 위주로 논리적인 순서에 따라 큰 목차를 잡아 정리해 답변서를 작성하는 것이 효과적일 때가 상당히 많습니다.

　또한 한 가지 쟁점 내에서는

　　　(1) 쟁점정리

　　　(2) 채권자의 주장 요지

　　　(3) 채권자의 주장에 대한 반박

　　　(4) 소결의 순서로 논리를 구성하는 것도 좋은 방법이고 바람직합니다.

　답변서에는 채무자에게 아무리 유리하고 채권자의 청구가 잘못된 것이라 하더라도 판단은 재판장의 몫이기 때문에 채무자는 답변서를 통하여 감정적이거나 채권자를 자극하는 거친 표현은 일체 자제하여야 좋은 결과를 기대할 수 있습니다.

　㋐ 입증방법

　　① 을제 호증 사실확인서

　　② 을제 호증 영수증

　　③ 등 등 이라고 기재하시고 공격방어방법에 대응하는 증거방법을 답변서에 이를 원용하고 첨부하여야 합니다.

　서증을 제출할 때에는 상대방의 수에 1을 더한 수의 사본을 함께 제출하여야 하며, 서증의 사본에 원본과 틀림없다는 취지를 적고 기명날인 또는 서명을 하여야 하고, 전자소송의 경우에는 전자소송 홈페이지에서 정하는 방식에 의하여 제출하시면 됩니다.

ⓩ 첨부서류

① 위 입증방법 각 1통으로 기재하시면 됩니다.

답변서를 작성하고 법원에 제출가능 한 날짜를 말미에 제출연월일을 기재하여
야 합니다.

㉠ 피고(채무자) : 성명을 기재하시고

㉤ 기명날인 또는 서명하여야 하지만 전자소송의 경우에는 전자서명으로 대체할
수 있습니다.

㉱ 본안소송 계속법원을 답변서의 하단 중앙으로 예를 들어 지방법원 독촉계 귀
중이라고 기재하시면 됩니다.

제2절

가. 지급명령 답변서의 제출 효과

지급명령에 대한 이의신청서를 제출하면서 답변서를 미리 제출하여 두면 변론기일
에 채무자가 개인사정 등으로 불출석하는 경우 재판장은 답변서를 진술로 간주하고
채권자에게 변론을 명할 수 있고 채무자가 본안에 관한 답변서를 제출된 후 채권자
가 답변서 내용을 읽고 승산이 없다는 것을 눈치 채고 지급명령신청을 취하하고자
하는 경우에는 채무자의 동의를 받아야 하므로 채무자는 그 소송을 통하여 유리한
판결을 받을 기회를 갖게 됩니다.

나. 석명을 구한 뒤에 준비서면으로 답변

지급명령신청에서 채권자의 주장이 분명하지 않은 점이 있는 경우 그 부분에 대하여는 우선 지급명령 답변서를 통하여 법원에 석명을 구하고 채권자의 해명이 있은 뒤에 구체적인 내용은 준비서면으로 답변하는 것이 채무자에게 훨씬 유리합니다.

그것에 대하여 석명을 구하지 않고 채무자의 짐작이나 추측에 따라 지급명령 답변서를 통하여 답변하게 되면 후일 채권자가 해명을 하면 채무자가 제출한 지급명령의 답변서가 이상하게 엉뚱한 주장으로 만드는 경우가 자주 있습니다. 청구원인에 불분명한 점이 있으면 우선 지급명령 답변서를 통하여 청구취지에 대한 답변만 하여 두고 지급명령 답변서를 통하여 법원으로 하여금 채권자의 석명을 구하고 채권자가 이 부분에 대하여 해명이 있은 뒤 상세한 내용은 준비서면을 통하여 답변하시면 채무자에게 유리합니다.

채권자가 지급명령신청서에 첨부하여 제출한 서증이 있는 경우 그 증거를 검토하거나 사실관계를 면밀히 조사할 시간적 여유가 없어 지급명령 답변서를 통하여 증명에 관한 확신이 없는 경우에는 우선 지급명령 답변서를 통하여 항변의 요지만 기재하여 제출하였다가 채무자가 후일 증거조사를 하거나 증거를 확보한 경우 상세한 내용은 준비서면으로 답변하는 것이 채무자에게 유리할 수 있습니다.

지급명령 답변서를 통하여 채권자의 이 사건 지급명령에 대하여 소멸시효가 완성되었지만 채권자가 지급명령신청을 하면서 소명자료로 금융기관의 대출금이나 카드사의 신용카드이용대금에 대한 대출약정서나 카드연체금 내역서 등 연체일을 확인할 수 있는 서류를 법원에 제출하게 하는 석명을 구하고 구체적인 연체일을 기준으로 하여 소멸시효가 완성된 사실을 준비서면을 통하여 입증하시면 됩니다. 절대 확인되지 않거나 채무자가 알지 못하는 것은 지급명령 답변서를 통하여 모든 것을 다 주장하고 입증하려 하지 마시고 궁금하거나 의문이 되는 부분은 석명을 통하여 확인하고 증거조사를 한 뒤에 확실히 확인하고 알아본 다음 준비서면을 통하여 나누어 답변하는 것이 좋습니다.

제3절

가. 채무자의 항변의 종류

(1) 권리 장애적 항변

처음부터 성립할 수 없게 하는 사실을 주장하는 것이므로 무효주장을 말할 수 있는데 아래와 같습니다. ① 의사능력의 흠결 ② 강행법규의 위반 ③ 통정허위표시 ④ 공서양속의 위반 ⑤ 불공정한 법률행위 ⑥ 원시적 이행불능 ⑦ 불법원인급여

(2) 권리 멸각적 항변

채권자가 주장하는 권리가 일단 성립된 뒤 소멸시키는 사실을 말할 수 있는데 아래와 같습니다. ① 변제 ② 대물변제 ③ 상계 ④ 면제 ⑤ 소멸시효의 완성 ⑥ 공탁 ⑦ 혼동 ⑧ 해제조건의 성취 ⑨ 해제 또는 해지권의 행사 ⑩ 취소권 ⑪ 후 발적 이행불능 ⑫ 제3자에의 권리 양도 ⑬ 시효취득의 완성

(3) 권리 저지적 항변

채권자가가 주장하는 권리가 발생하여 존속하고 있으나 그 행사를 저지시킬 수 있는 사실을 주장할 수 있는데 아래와 같습니다. ① 유치권의 항변 ② 동이이행의 항변 ③ 기한의 유예 ④ 보증인의 최고·검색의 항변권 ⑤ 목적물인도청구에 있어서 권원에 의한 점유 ⑥ 정지조건부의 미성취

나. 소송의 흐름

소송에서 권리를 주장하는 쪽을 원고(채권자), 의무를 부담하는 자로 지정된 자를 피고(채무자)라고 하고, 채권자가 구하는 권리의 내용과 이유를 청구원인이라고 하고, 그에 대해 채무자가 청구원인은 이유가 없다고 반박하는 것을 항변이라고 하는데 소송은 청구와 그에 대한 채무자의 반박주장이 이루어집니다. 채무자로서는 예를 들어

금융기관의 대출금이나 카드사의 신용카드이용대금의 대부업체 등의 양수금청구 지급명령을 송달받고 당황스러움과 현실도피 등 여러 사유로 무 대응으로 일관하는 분들이 상당히 많습니다. 민사소송은 원고(채권자)와 피고(채무자) 모두 상호 대등한 상태에서 법적 판단을 구하는 절차(지급명령)이므로 소송의 대응(이의신청이나 답변서 제출)에 게을리 한다면 결국 채무자에게 불리한 결과만 생깁니다.

지급명령을 송달받았으면 지급명령이나 법원으로 가서 지급명령신청기록을 등사하여 정확하고 꼼꼼하게 확인하고 원고(채권자)의 청구를 인정할 것인지 부인할 것인지를 항목별로 자세히 살펴봐야 합니다. 지급명령 답변서에는 피고(채무자)가 주장하고자 하는 내용과 함께 그 주장을 입증할 자료가 준비되셨으면 답변서에 모두 원용하고 답변서와 함께 제출하시면 더 좋습니다. 대여금청구 지급명령신청은 대부분 채무자의 변제 완료의 항변이 가장 많습니다. 이미 원고(채권자)가 청구한 대여금을 모두 변제했다면 채권자의 청구권은 당연히 상실되었음을 답변서를 통하여 강력히 주장하여야 합니다. 이때 변제하거나 돈을 갚았다는 서증을 첨부하여야 합니다. 변제하였다는 항변을 피고가 하면 피고가 입증하여야 합니다.

다음으로는 채권자가 청구한 지급명령은 금융기관의 대출금이나 카드사의 신용카드이용대금을 대부업체 등이 양수받아 청구한 지급명령은 대부분 소멸시효가 완성되어 청구권이 소멸된 채권도 상당이 많습니다. 일반 민사대여금의 경우 소멸시효는 10년간 이를 행사하지 않으면 소멸되고, 금융기관의 대출금이나 카드사의 신용카드이용대금은 소멸시효가 5년으로 완성되기 때문에 청구할 수 없습니다.

지급명령에 대한 소송을 하기 위해서 가장 먼저 알아야 할 것은 '요건사실' 입니다. 다음은 '주장과 입증' 입니다. 그리고 그 다음에는 '항변과 부인'을 알아야 소송을 할 수 있습니다.

다. 항변(주장)

항변은 원고(채권자)가 지급명령신청에서 주장하는 요건사실 즉 권리근거사실을 피고(채무자)가 이를 인정하면서 이와는 반대로 다른 효과가 생기게 하는 다른 요건사실을 주장하는 것을 말합니다. 따라서 소송(지급명령)에서 대여금 청구를 하면 흔히 등장하는 피고(채무자)의 답변이 '돈을 빌린 것은 맞는데 이미 모두 다 갚았습니다.' 이런 주장을 하는데 이것은 '변제항변'을 하는 것입니다. 그리고 소멸시효 항변은 '돈을 빌린 것은 맞는데 소멸시효가 완성되었습니다.' 이런 주장은 소멸시효의 항변을 하는 것입니다. 예를 들어 채권자가 채무자를 상대로 금융기관의 대출금이나 카드사의 신용카드이용대금을 대부업체 등이 헐값에 양수받아 지급명령을 신청한 경우 채무자가 답변서를 통하여 '금융기관의 대출금이나 카드사의 신용카드이용대금은 맞지만 연체일로부터 이 사건 지급명령을 신청한 날까지는 역수상 5년이 경과되어 소멸시효가 완성되어 청구권이 소멸된 것이므로 채권자의 이 사건 지급명령 신청을 기각하여 주시기 바랍니다' 라고 기재하시면 됩니다.

공사대금이나 물품대금은 맞는데 지급일로부터 이 사건 지급명령을 신청한 날까지는 역수상 3년이 경과되어 소멸시효가 완성된 것이므로 이 사건 채권자의 지급명령 신청을 기각하여 주시기 바랍니다. 라고 기재하시면 됩니다. 항변은 원고(채권자)의 주장은 맞지만 다른 사실이 있어 채권자의 청구를 부인하는 것입니다.

라. 부인(주장)

그리고 '부인' 이라는 것은 채권자가 채무자를 상대로 대여금을 청구하면 채무자가 지급명령 답변서를 통하여 '대여금이 아니라 증여받은 것입니다. 원고(채권자)가 피고(채무자)에게 그냥 준 것입니다. 또는 '대여금이 아니라 투자한 투자금입니다' 이런 주장을 하는 것입니다. 이것은 항변을 하는 것이 아니라 대여해준 것이 아니라는 것을 그냥 부인한 것이므로, 원고(채권자)의 청구원인을 그냥 부인한 것이기에 이를 '부인' 이라고 합니다. 그러면 항변과 부인을 구별하는 이유는 바로 입증책임 때문입니다.

마. 입증책임

항변의 경우는 원고(채권자)의 청구원인을 채무자가 인정했으므로 채권자는 입증을 할 필요가 없고 새로운 사실을 채무자가 항변으로 주장했으므로 (1)소멸시효 항변이든, (2)변제항변이든 그 사실을 피고(채무자)가 입증을 하여야 합니다. 하지만 부인의 경우는 원고(채권자)의 청구원인을 그냥 부인한 것에 불과하므로 여전히 채권자가 대여금이라는 것을 입증해야 하지 채무자가 증여라거나 투자라는 사실을 입증할 필요가 없습니다.

바. 항변, 재항변, 재재항변

항변은 주장하는 사람이 입증책임을 지게 됩니다. 그런데 이런 항변은 한번으로 끝나는 것이 아니며, 피고(채무자)가 항변을 하였다면 원고(채권자)는 재항변이 가능하고 채무자는 다시 재재항변이 가능합니다. 예를 들어 원고(채권자)가 대여금 청구를 했습니다. 피고(채무자)는 이에 대해서 소멸시효가 완성되었다고 항변을 합니다. 채무자가 이를 주장입증에 성공하는 경우 채권자는 다시 재항변으로 소멸시효의 중단사유를 주장할 수 있습니다. 예를 들어서 소멸시효의 중단사유인 '가압류'가 되어 있는 사실을 주장·입증했다고 합시다. 그러면 채무자는 다시 가압류가 된 것은 맞는데 가압류취소결정에 의해서 가압류가 취소되어 소멸시효중단의 효력이 상실되었음을 주장·입증할 수 있습니다.

그러므로 항변과 부인의 차이입니다. 이는 주장책임, 입증책임과도 관계가 있습니다. 소송을 하는 사람은 기본적으로 항변과 부인의 차이를 알아야 합니다. 그래야만 승소할 수도 있고 고생을 안 합니다. 그리고 소송을 하려면 기계적인 공식으로 이루어지는 ①청구원인, ②항변, ③재항변, ④재재항변의 구조와 흐름을 알아야 합니다. 이를 알지 못하면 엄청 고생만 하고 패소의 지름길입니다.

제4장. 지급명령 이의신청서·답변서 실전 사례

가. 지급명령 이의신청서·답변서 최신 서식

■ 지급명령에 대한 이의신청서 – 물품대금청구 지급할 하등의 이유가 없어 제기하는 이의신청서

지급명령에 대한 이의신청서

사   건 : ○○○○차○○○○호 물품대금

채 권 자 : ○   ○   ○

채 무 자 : ○   ○   ○

위 사건에 관하여 채무자는 ○○○○. ○○. ○○. 귀원으로부터 지급명령결정을 송달
받았으나, 별지 첨부한 답변서와 같은 이유로 이의신청을 합니다.

○○○○ 년 ○○ 월 ○○ 일

위 채무자 : ○ ○ ○   (인)

광주지방법원 순천지원 귀중

답 변 서

재판장확인
· · · · · · · · · · · · ·
· · · · ·

사건번호 : ○○○○차○○○○호 물품대금

채 권 자 : ○   ○   ○

채 무 자 : ○   ○   ○

부본영수
· · · · · · · · · · · · ·
· · · · ·

○○○○ 년 ○○ 월 ○○ 일

위 채무자 : ○ ○ ○ (인)

광주지방법원 순천지원 귀중

답 변 서

사건번호 : ○○○○차○○○○호 물품대금

채 권 자 : ○   ○   ○

채 무 자 : ○   ○   ○

위 당사자 간 물품대금 청구의 독촉사건에 대하여 채무자는 아래와 같이 답변서를 제출합니다.

신청취지에 대한 답변

1. 채권자의 청구를 기각한다.
2. 독촉절차비용 및 소송비용은 채권자의 부담으로 한다.
라는 재판을 구합니다.

신청이유에 대한 답변

1. 채권자는 소외 ○○○이 포기한 권리 즉 소멸시효가 이미 완성된 물품대금을 청구한 것으로써 채권자가 일방적으로 주장하는 ○○○○. ○○. ○○.을 기산일의 시작일로 보더라도 이는 민법 제163조(3년의 단기소멸시효) 제6호에서 정한 법률에 의거하여 ○○○○. ○○. ○○.부로 물품대금에 대해 더 이상 채무자에게 신청취지의 금원을 청구할 수 없음을 알고도 채권자는 법을 악용하여 불법적인 방법으로 지금까지 채무자에게 신청취지의 금원을 변제하라며 귀원에 이건 지급명령을 신청한 것입니다.

2. 따라서 채권자의 물품대금은 채권자가 아닌 소외 ○○○에게 채무자가 구입한 것인데 채권자는 자신의 신분 및 판매자간의 채권양도, 양수에 따른 계약사실을 채무자에게 명확하게 소명하거나 채권양도의 통지도 없이 신청취지의 금원만 변제할 것을 주장하고 있습니다.

3. 채무자는 ○○○○. ○○. ○○. 소외 ○○○으로부터 물품을 구입하였으나 채무자는 당시 미성년자의 신분이었기 때문에 부모님의 동의와 승낙이 있어야 함을 소외 ○○○에게 알렸으나 소외 ○○○은 이러한 절차를 거치지 않아도 괜찮다는 말로 추후 문제가 되었을 시 지체 없이 물품을 반품처리해 주겠다고 하여 구입하였습니다.

4. 그러나 채무자는 부모님의 반대로 부득이 물품을 반품하고자 하였으나 소외 ○○○은 판매 당시와는 전혀 다른 주장으로 일관해 오다가 통화를 회피하는 바람에 물품을 반품하지 못하였습니다.

5. 채무자로서는 소외 ○○○가 반품을 하지 않았던 상황에서 채권자에게 물품대금을 양도하였다는 전제에서 채무자에게 물품대금을 청구하는 이건 지급명령은 부당하여 이의신청을 하게 된 것입니다.

○○○○ 년 ○○ 월 ○○ 일

위 채무자 : ○ ○ ○ (인)

광주지방법원 순천지원 귀중

지급명령에 대한 이의신청서

사　　　건 : ○○○○차전○○○○호　대여금

채　권　자 : ○　　　○　　　○

채　무　자 : ○　　　○　　　○

위 사건에 관하여 채무자는 ○○○○. ○○. ○○. 귀원으로부터 지급명령결정을 송달 받았으나, 별지 첨부한 답변서와 같은 이유로 이의신청을 합니다.

○○○○ 년 ○○ 월 ○○ 일

위 채무자 : ○　　○　　○　　(인)

전주지방법원 정읍지원 귀중

답 변 서

재판장확인
· · · · · · · · · · · · · · · ·

사건번호 : ○○○○차전○○○○호 대여금

채 권 자 : ○   ○   ○

채 무 자 : ○   ○   ○

부본영수
· · · · · · · · · · · · · · · ·

○○○○ 년 ○○ 월 ○○ 일

위 채무자 : ○   ○   ○   (인)

전주지방법원 정읍지원 귀중

답 변 서

사건번호 : ○○○○차전○○○○호 대여금

채 권 자 : ○   ○   ○

채 무 자 : ○   ○   ○

위 당사자 간 대여금 청구의 독촉사건에 대하여 채무자는 아래와 같이 답변서를 제출
합니다.

신청취지에 대한 답변

1. 채권자의 청구를 기각한다.
2. 독촉절차비용 및 소송비용은 채권자의 부담으로 한다.
라는 재판을 구합니다.

신청이유에 대한 답변

1. 채권자의 주장요지

　　채권자는 채무자가 ○○○○. ○○. ○○. 신청 외 ○○○가 신청 외 주식회사 ○
○○저축은행에 대출금 900만 원을 대출 신청하였고, 위 ○○저축은행의 대출거래
에 연대보증을 하였으므로 청구취지와 같은 금원을 신청 외 주식회사 ○○저축
은행으로부터 채권양수 한 채권자에게 지급할 의무가 있다고 주장하고 있습니다.

2. 소멸시효완성

가. 소멸시효 진행의 기산점

채무자의 연대보증채무는 주 채무인 채무자 ○○○의 주 채무가 소멸시효 가 완성되어 소멸되면 함께 소멸됩니다.

주 채무자 ○○○의 소멸시효 기산점은 위 대출약정일인 ○○○○. ○○. ○○.로부터 대출기간 300일이 지난 ○○○○. ○○. ○○.입니다.

나. 소멸시효기간

주 채무자 ○○○의 채무는 상사채무이므로 이 사건 소멸시효 기간은 상법 제54조에 의한 5년입니다.

다. 소 결

그렇다면 이 사건 채권자의 채무자에 대한 청구는 주 채무자 ○○○의 주 채무가 ○○○○. ○○. ○○.경 소멸시효가 완성되어 소멸하였으므로 채권 자의 청구는 이유가 없습니다.

3. 결 론

이 사건 주 채무자 ○○○의 주 채무는 ○○○○. ○○. ○○.경 소멸시효가 완성 되어 소멸하였으므로, 위 주 채무에 연대보증한 채무자의 연대보증채무도 함께 소멸하였습니다.

따라서 채권자의 채무자에 대한 이 사건 청구는 이유가 없으므로 기각하여 주시 기 바랍니다.

소명자료 및 첨부서류

1. 을 제1호증   대출약정서

                    ○○○○ 년 ○○ 월 ○○ 일

                                위 패무자 : ○ ○ ○   (인)

전주지방법원 정읍지원 귀중

지급명령에 대한 이의신청서

사　　　건 : ○○○○차○○○○호　대여금

채　권　자 : ○　　　○　　　○

채　무　자 : ○　　　○　　　○

위 사건에 관하여 채무자는 ○○○○. ○○. ○○. 귀원으로부터 지급명령결정을 송달
받았으나, 별지 첨부한 답변서와 같은 이유로 이의신청을 합니다.

○○○○ 년 ○○ 월 ○○ 일

위 채무자 : ○　○　○　(인)

수원지방법원 오산시법원 귀중

답 변 서

재판장확인
· · · · · · · · · · · · · · · · ·

사건번호 : ○○○○차○○○○호 대여금

채 권 자 : ○   ○   ○

채 무 자 : ○   ○   ○

부본영수
· · · · · · · · · · · · · · · ·

○○○○ 년 ○○ 월 ○○ 일

위 채무자 : ○   ○   ○   (인)

수원지방법원 오산시법원 귀중

답 변 서

사건번호 : ○○○○차○○○○호 대여금

채 권 자 : ○   ○   ○

채 무 자 : ○   ○   ○

위 당사자 간 대여금 청구의 독촉사건에 대하여 채무자는 아래와 같이 답변서를 제출합니다.

신청취지에 대한 답변

1. 채권자의 청구를 기각한다.
2. 독촉절차비용 및 소송비용은 채권자의 부담으로 한다.
라는 재판을 구합니다.

신청이유에 대한 답변

1. 채권자의 주장요지

   ○ 채권자는 채무자에게 ○○○○. ○○. ○○. 금 ○○,○○○,○○○원을 빌려주고 이 돈은 ○○○○. ○○. ○○.까지 변제하기로 하였는데 현재에 이르기까지 채무자가 이를 변제하지 않고 있다는 주장을 하고 있습니다.

2. 변제 내지 소멸시효 완성

가. 변제

　　○ 채무자는 ○○○○. ○○. ○○. 채권자로부터 금 ○○,○○○,○○○원을 차용한 사실은 맞습니다.

　　그러나 채무자가 돈을 빌리고 갚기로 한 날짜가 ○○○○. ○○. ○○. 이므로 지금까지 13년이란 세월이 흘렀기 때문에 변제한 영수증이나 계좌이체 한 증빙서류를 찾을 수 없는 일이지만 틀림없이 변제한 것은 사실입니다.

나. 소멸시효 진행의 기산점

　　○ 채권자는 채무자에게 ○○○○. ○○. ○○. 금 ○○,○○○,○○○원을 빌리고 ○○○○. ○○. ○○.까지 변제하기로 하였으므로 설사 채무자가 변제하지 않았다 하더라도 변제하기로 한 ○○○○. ○○. ○○.부터 채권자가 이 사건 지급명령을 신청한 ○○○○. ○○. ○○.까지는 무려 13년이 넘었기 때문에 위 채무는 소멸시효가 완성되어 이미 소멸되었습니다.

나. 소멸시효기간

　　○ 위 채무는 일반채권이므로 민법 제162조 제1항에 의하여 10년입니다.

다. 소 결

　　○ 그렇다면 이 사건 채권자의 채무자에 대한 청구는 ○○○○. ○○. ○○.경 소멸시효가 완성되어 소멸하였으므로 채권자의 청구는 한마디로 이유가 없습니다.

3. 결 론

이 사건 채무자의 채무는 ○○○○. ○○. ○○.경 소멸시효가 완성되어 이미 소멸하였습니다.

그러므로 채권자의 이 사건 청구는 이유가 없으므로 기각하여 주시기 바랍니다.

소명자료 및 첨부서류

1. 을 제1호증   확인서

○○○○ 년 ○○ 월 ○○ 일

위 채무자 : ○ ○ ○ (인)

수원지방법원 오산시법원 귀중

지급명령에 대한 이의신청서

채 권 자 : ○   ○   ○

채 무 자 : ○   ○   ○

춘천지방법원 속초지원 귀중

지급명령에 대한 이의신청서

1. 채권자

성　　명	주식회사 ○○○유통화전문(법인등록번호)
주　　소	강원도 속초시 ○○로 ○길 ○○, ○○○호
대 표 자	대표이사 ○○○
전　　화	(휴대폰) 010 - 9987 - 0000
기타사항	이 사건 채권자입니다.

2. 채무자

성　　명	○ ○ ○	주민등록번호	생략
주　　소	강원도 속초시 ○○로길 ○○, ○○○-○○○호		
직　　업	상업	사무실주소	생략
전　　화	(휴대폰) 010 - 2389 - 0000		
기타사항	이 사건 채무자입니다.		

신청취지

위 당사자 간 귀원 ○○○○차○○○○호 양수금 청구의 독촉사건에 관하여 채무자는 지급명령정본을 ○○○○. ○○. ○○.에 송달 받았으나, 채권자의 청구에 응할 하등의 이유가 없으므로 이의신청을 합니다.

○○○○ 년 ○○ 월 ○○ 일

위 채무자(신청인) : ○   ○   ○   (인)

춘천지방법원 속초지원 귀중

답 변 서

<table>
<tr><td>재판장확인</td></tr>
<tr><td>.   .   .
.................................</td></tr>
</table>

사 건 번 호 : ○○○○차○○○○호 양수금청구의 독촉사건

채 권 자 : ○   ○   ○

채 무 자 : ○   ○   ○

<table>
<tr><td>부본영수</td></tr>
<tr><td>.   .   .
.................................</td></tr>
</table>

○○○○ 년 ○○ 월 ○○ 일

위 채무자(신청인) : ○ ○ ○   (인)

춘천지방법원 속초지원 귀중

답 변 서

사 건 번 호 : ○○○○차○○○○호 양수금청구의 독촉사건

채 권 자 : ○   ○   ○

채 무 자 : ○   ○   ○

위 사건에 대하여 채무자는 다음과 같이 답변서를 제출합니다.

- 다 음 -
청구취지에 대한 답변

1. 채권자의 청구를 기각한다.
2. 소송비용 및 독촉절차비용은 채권자의 부담으로 한다.
라는 판결을 구합니다.

청구원인에 대한 답변

(1) 위 채권자는 신청 외 주식회사 ○○은행(이하 앞으로는'○○은행'으로만 줄여 쓰겠
    습니다)이 포기한 권리(소멸시효가 완성된 대출금)를 자산 양도 받아 이를 청구
    한 자로서, 채권자가 일방적으로 주장하는 청구사유에 의하면 채무자가 ○○○
    ○. ○○. ○○. 위 ○○은행에서 대출을 받으면서 위 대출금은 ○○○○. ○○.
    ○○.에 변제하기로 하였던 것인데 이를 채무자가 변제하지 않고 있다는 주장입
    니다.

(2) 채권자가 주장하는 바와 같이 ○○○○. ○○. ○○.이를 변제한다는 대출약정에 따라 변제하지 못했더라도 ○○○○. ○○. ○○.을 소멸시효의 기산일로 간주하더라도, ○○○○. ○○. ○○.로 소멸시효가 이미 완성된 동 대출금을 양수받아 채무자에게 ○○○○. ○○. ○○.이 사건 지급명령을 청구한 것입니다.

(3) 이는'상법 제64조(상사시효) 상행위로 인한 채권은 본법에 다른 규정이 없는 때에는 5년간 행사하지 아니하면 소멸시효가 완성한다.'에서 정한 법률에 의거, 채무자를 대상으로 청구취지의 금원을 더 이상 청구할 수 없음에도 불구하고 채무자에게 의도적으로 거짓 사실로 불법행위를 일삼고 있는 자들입니다.

채권자의 이 같은 행위는'채권의 공정한 추심에 관한 법률 제9조(폭행. 협박 등의 금지) 제9호, 제11조(거짓 표시의 금지 등)의 각호, 제13조(부당한 비용 청구 금지)의 제1항'에서 정한 법률에 크게 위배되는 범법행위로 일관하며 법을 악용하고 있습니다.

(4) 채무자는 ○○은행으로부터 대출을 받은 것은 사실이며, 그 무렵 채무자는 ○○은행에 위 대출금을 모두 변제하였지만 시일이 너무나 오래 되어 변제한 근거를 찾을 수 없을 뿐 모두 변제한 것은 사실입니다.

(5) 따라서 채무자가 소외 ○○은행에 대하여 위 대출금을 변제하지 못하였다 하더라도 채무자가 변제하기로 한 연체일 ○○○○. ○○. ○○.부터 채권자가 이 사건 지급명령을 신청한 ○○○○. ○○. ○○.까지는 역수상 5년이 훨씬 경과되어 소멸시효가 완성된 것이므로 이미 소멸시효가 완성된 자산을 양도받은 채권자 역시 채무자에게 이를 청구할 권리가 없으므로 채권자의 이 사건 지급명령신청을 기각한다는 판결을 구하고자 이 사건 신청에 이르게 된 것입니다.

소명자료 및 첨부서류

1. 을 제1호증   대출약정서

       ○○○○ 년 ○○ 월 ○○ 일

                              위 채무자 : ○   ○   ○   (인)

춘천지방법원 속초지원 귀중

지급명령에 대한 이의신청서

사   건 : ○○○○차○○○○호 대여금

채 권 자 : ○   ○   ○

채 무 자 : ○   ○   ○

위 사건에 관하여 채무자는 ○○○○. ○○. ○○. 귀원으로부터 지급명령결정을 송달
받았으나, 별지 첨부한 답변서와 같은 이유로 이의신청을 합니다.

○○○○ 년 ○○ 월 ○○ 일

위 채무자 : ○ ○ ○   (인)

청주지방법원 영동지원 귀중

답 변 서

재판장확인
· · · · · · · · · · · · · · · ·

사건번호 : ○○○○차○○○○호 대여금

채 권 자 : ○   ○   ○

채 무 자 : ○   ○   ○

부본영수
· · · · · · · · · · · · · · · ·

○○○○ 년 ○○ 월 ○○ 일

위 채무자 : ○ ○ ○ (인)

청주지방법원 영동지원 귀중

답 변 서

사건번호 : ○○○○차○○○○호　대여금

채 권 자 : ○　　　○　　　○

채 무 자 : ○　　　○　　　○

위 당사자 간 대여금 청구의 독촉사건에 대하여 채무자는 아래와 같이 답변서를 제출합니다.

신청취지에 대한 답변

1. 채권자의 청구를 기각한다.
2. 독촉절차비용 및 소송비용은 채권자의 부담으로 한다.
라는 재판을 구합니다.

신청이유에 대한 답변

1. 채권자의 주장요지

　　채권자는 채무자에게 ○○○○. ○○. ○○. 17,000,000원을 빌려주고 이 돈은 ○○○○. ○○. ○○.까지 변제하기로 하였는데 현재에 이르기까지 이를 변제하지 않고 있다는 주장을 하고 있습니다.

2. 소멸시효완성

　　가. 소멸시효 진행의 기산점

채권자는 채무자에게 ○○○○. ○○. ○○. 금 17,000,000원을 빌려주면서 ○○○○. ○○. ○○.까지 변제하기로 하였는데 채무자가 지급하지 않았다고 주장하고 있기 때문에 채무자가 위 금액을 ○○○○. ○○. ○○.까지 변제하여야 한다면 ○○○○. ○○. ○○.부터 채권자가 이 사건 지급명령을 신청한 ○○○○. ○○. ○○.까지는 무려 15년이 훨씬 넘었으므로 채무자의 위 채무는 소멸시효가 완성되어 소멸되었습니다.

나. 소멸시효기간

위 채무는 대여금으로서 일반채권에 해당되어 민법 제162조 제1항에 의하여 10년입니다.

다. 소 결

그렇다면 이 사건 채권자의 채무자에 대한 청구는 ○○○○. ○○. ○○.경 소멸시효가 완성되어 소멸하였으므로 채권자의 청구는 이유가 없습니다.

3. 결 론

이 사건 채무자의 채무는 ○○○○. ○○. ○○.경 소멸시효가 완성되어 소멸하였습니다.

따라서 채권자의 채무자에 대한 이 사건 청구는 이유가 없으므로 기각하여 주시기 바랍니다.

소명자료 및 첨부서류

1. 을 제1호증   위 확인서

ㅇㅇㅇㅇ 년 ㅇㅇ 월 ㅇㅇ 일

위 채무자 : ㅇ ㅇ ㅇ   (인)

청주지방법원 영동지원 귀중

지급명령에 대한 이의신청서

사　　　　　건 : ○○○○차○○○○호　양수금

신 청 인(채무자) : ○　　　○　　　　○

피신청인(채권자) : ○　　　○　　　　○

신청취지

위 당사자 간 귀원 양수금청구의 독촉사건에 관한 지급명령 결정정본을 채무자는 ○○○○. ○○. ○○.에 송달 받았으나, 이에 불복하므로 이의신청합니다.

소명자료 및 첨부서류

1. 이의신청서 부본　　　　　　　　　　　　　　　　　　1부

○○○○ 년 ○○ 일　○○ 일

위 신청인(채무자) : 0 0 0　　(인)

대전시 ○○구 ○○로 ○○, ○○○호

010 - 3234 - 0000

대전지방법원 독촉계 귀중

■ 지급명령 답변서 - 보증채무 5년의 소멸시효가 완성된 것이므로 기각해 달라는 취지의 답변서

답 변 서

재판장확인
· · ·
....
....

사건번호 : ○○○○차○○○○호 양수금

채 권 자 : ○   ○   ○

채 무 자 : ○   ○   ○

부본영수
· · ·
....
....

○○○○ 년 ○○ 월 ○○ 일

위 채무자 : ○○○ (인)

대전지방법원 독촉계 귀중

답 변 서

사건번호 : ○○○○차○○○○호 양수금

채 권 자 : ○   ○   ○

채 무 자 : ○   ○   ○

위 사건에 관하여 채무자는 다음과 같이 답변합니다.

- 다 음 -

청구취지에 대한 답변

1. 채권자의 청구를 기각한다.
2. 소송비용은 채권자의 부담으로 한다.
라는 판결을 구합니다.

청구원인에 대한 답변

1. 채권자는 신청 외 ○○새마을금고(이하 '새마을금고' 라고 줄여 쓰겠습니다)가 신청
   외 ○○○에게 ○○○○. ○○. ○○. 신용대출 한 금 ○○,○○○,○○○원에 대하
   여 ○○○○. ○○. ○○.변제하기로 하면서 채무자가 신청 외 ○○○의 연대보증
   을 하였는데 신청 외 ○○○과 채무자가 이를 변제하지 않아 대여금 청구의 지급
   명령을 신청한 것이라고 주장하고 있습니다.

2. 한편 채권자는 주 채무자인 신청 외 ○○○에게 ○○○○. ○○. ○○.신용대출을
   한 것인데 이를 변제하지 않았다고 주장하고 있는데 이는 채권자가 신청 외 ○○
   ○에 대하여 한 대출업무와 신용카드대출업무는 상법 제46조 제8호에 의한 기본

적 상행위에 해당되며, 상행위로 인한 채권의 소멸시효에 관하여 판례는 당사자 쌍방에 대하여 모두 상행위가 되는 행위로 인한 채권뿐만 아니라 당사자 일방에 대하여만 상행위에 해당하는 행위로 인한 채권도 상법 제64조 소정의 5년의 소멸시효기간이 적용되는 상사채권에 해당한다(2002년9월24일 선고 2002다6760,6777판결. 2005년5월27일 선고 2005다7863호 판결 참조)고 판시하고 있습니다.

3. 채권자가 주 채무자인 신청 외 ○○○에 대하여 한 대출업무는 상법에 적용되는 상행위이므로 따라서 채무자의 보증채무와 그 지연이자금의 소멸시효기간은 5년이라 할 것인바 그렇다면 이 또한 이미 소멸시효가 완성되어 소멸된 것입니다.

4. 그러므로 채권자의 채무자에 대한 이 사건 대여금 청구는 채무자가 채권자에 대해 부담하는 채무는 보증계약으로 인한 상법 제64조에 따라 신청 외 ○○○이 ○○○○. ○○. ○○. 대출받아 ○○○○. ○○. ○○.변제하기로 한 이상 ○○○○. ○○. ○○. 연체일로부터 채권자가 이 사건 지급명령을 신청한 ○○○○. ○○. ○○.까지 5년이 경과되어 시효로 이미 소멸한 것이므로 기각을 면치 못할 것입니다.

소명자료 및 첨부서류

1. 소 을 제1호증의 1호   대출약정서

○○○○ 년 ○○ 월 ○○ 일

위 채무자 : ○ ○ ○ (인)

대전지방법원 독촉계 귀중

지급명령에 대한 이의신청서

사   건 : ○○○○차전○○○○호 양수금청구의 독촉사건

채 권 자 : ○○자산대부관리 유한회사

채 무 자 : ○   ○   ○

인천지방법원 강화군법원 귀중

지급명령에 대한 이의신청서

1.채권자

성 명	○○자산대부관리 유한회사(법인등록번호 :)	
주 소	인천시 ○○구 ○○로길 ○○, ○○○호	
대 표 자	이사 ○○○	
전 화	(휴대폰) 무지	
기타사항	이 사건 채권자입니다.	

2.채무자

성 명	○ ○ ○	주민등록 번호	생략
주 소	강화군 강화읍 ○○리 ○○길 ○○, ○○○호		
직 업	생략	사무실 주 소	생략
전 화	(휴대폰) 010 - 5432 - 0000		
기타사항	이 사건 채무자입니다.		

신 청 취 지

위 당사자 간 귀원 ○○○○차전○○○○호 양수금청구의 독촉사건에 관하여 채무자
는 지급명령정본을 ○○○○. ○○. ○○.에 송달 받았으나, 채권자의 청구에 응할 하등의
이유가 없으므로 이의신청을 합니다.

○○○○ 년 ○○ 월 ○○ 일

위 채무자(신청인) : ○ ○ ○   (인)

인천지방법원 강화군법원 귀중

답 변 서

재판장확인
. . .   .

사건번호 : ○○○○차전○○○○호   양수금청구 독촉사건

채 권 자 : ○○자산대부관리 유한회사

채 무 자 : ○   ○   ○

부본영수
. . .   .

○○○○ 년 ○○ 월 ○○ 일

위 채무자 : ○ ○ ○   (인)

인천지방법원 강화군법원 귀중

답　변　서

사건번호 ： ○○○○차전○○○○호　양수금청구 독촉사건

채 권 자 ： ○○자산대부관리　유한회사

채 무 자 ： ○　　○　　　○

위 사건에 대하여 채무자는 다음과 같이 답변 및 결정을 구하고자 합니다.

- 다　음 -
청구취지에 대한 답변

1. 채권자의 신청을 기각한다.
2. 소송비용은 채권자의 부담으로 한다.

라는 판결을 구합니다.

청구사유에 대한 답변

1. 채권자는 신청 외 주식회사 ○○저축은행(이하 앞으로는 '○○저축은행' 라고 줄여
   쓰겠습니다)가 채무자에게 ○○○○. ○○. ○○. 대출한 금 ○○,○○○,○○○원
   을 ○○○○. ○○. ○○.변제하기로 하였으나 이를 변제하지 않은 채권에 대하여
   신청 외 ○○저축은행으로부터 ○○○○. ○○. ○○.양수받아 양수금을 청구한다
   고 주장하고 있습니다.
2. 한편 채권자는 채무자가 신청 외 ○○저축은행에게 ○○○○. ○○. ○○.대출을 받
   은 것인데 이를 변제하지 않았다고 주장하고 있는데 이는 채권자가 신청 외 ○○

저축은행의 대출업무와 신용카드대출업무는 상법 제46조 제8호에 의한 기본적 상행위에 해당되며, 상행위로 인한 채권의 소멸시효에 관하여 판례는 당사자 쌍방에 대하여 모두 상행위가 되는 행위로 인한 채권뿐만 아니라 당사자 일방에 대하여만 상행위에 해당하는 행위로 인한 채권도 상법 제64조 소정의 5년의 소멸시효기간이 적용되는 상사채권에 해당한다(2002년9월24일 선고 2002다6760,6777판결. 2005년5월27일 선고 2005다7863호 판결 참조)고 판시하고 있습니다.

3. 채권자의 신청 외 ○○저축은행의 채무자에 대하여 한 대출업무는 상법에 적용되는 상행위이므로 따라서 그 원금 및 지연이자금의 소멸시효기간은 5년이라 할 것인바 그렇다면 이 또한 이미 모두 소멸된 것입니다.

4. 그러므로 채권자의 채무자에 대한 이 사건 양수금 청구는 채무자가 채권자에 대해 부담하는 채무는 대출계약으로 인한 상법 제64조에 따라 신청 외 ○○저축은행이 ○○○○. ○○. ○○. 대출한 금 ○○,○○○,○○○원은 ○○○○. ○○. ○○.변제하기로 한 이상 ○○○○. ○○. ○○. 연체일로부터 채권자가 이 사건 지급명령을 신청한 ○○○○. ○○. ○○.까지 5년이 경과되어 소멸시효가 완성되어 청구권이 소멸된 것이므로 채권자의 이 사건 청구를 기각하여 주시기 바랍니다.

소명자료 및 첨부서류

1. 소 을제1호증   대출약정서(지명령신청서에 첨부된) 부본

            ○○○○ 년 ○○ 월 ○○ 일

                              위 채무자 : ○ ○ ○   (인)

인천지방법원 강화군법원 귀중

지급명령에 대한 이의신청서

사   건 : ○○○○차○○○○호 양수금청구

신 청 인(채무자) : ○   ○   ○

피신청인(채권자) : 주식회사 ○○자산대부

○○○○ 년 ○○ 일 ○○ 일

위 신청인(채무자) : 0 0 0   (인)

울산지방법원 독촉계 귀중

지급명령 이의신청서

1. 채권자

성 명	(주) ○○자산대부 법인등록번호 :
주 소	울산시 ○○구 ○○로 ○○, ○○○호
대 표 자	대표이사 ○○○
전 화	휴대전화 010 - 1234 - 0000
기타사항	이 사건 채권자입니다.

2. 채무자

성 명	○ ○ ○	주민등록번호	생략
주 소	울산시 ○○구 ○○로 ○○○, ○○○-○○○○호		
직 업	회사원	사무실 주 소	생략
전 화	(휴대폰) 010 - 3354 - 0000		
기타사항	이 사건 채무자입니다.		

신 청 취 지

위 당사자 간 ○○○○차○○○○호 양수금청구의 독촉사건에 대해 채무자는 귀원으로부터 ○○○○. ○○. ○○. 지급명령결정정본을 송달 받았으나, 채권자의 주장이 사실과 크게 다르며, '민법 제163조(3년간의 단기소멸시효) 제6호'에서 정한 법률에 의거, 이미 소멸시효가 완성된 청구취지의 금원 및 지연손해금을 청구하고 있어, 위 사건에 대해 채무자는 불복하여 이의신청을 합니다.

소 명 자 료 및 첨 부 서 류

1. 답변서 부본   3부

○○○○ 년 ○○ 월 ○○ 일

위 채무자 : ○ ○ ○   (인)

울산지방법원 독촉계 귀중

답 변 서

재판장확인
. . .
··········
····

사건번호 : ○○○○차○○○○호   양수금청구 독촉사건

채 권 자 : ○   ○   ○

채 무 자 : ○   ○   ○

부본영수
. . .
··········
····

○○○○ 년 ○○ 월 ○○ 일

위 채무자 : ○   ○   ○   (인)

울산지방법원 독촉계 귀중

답 변 서

사건번호 : ○○○○차○○○○호   양수금청구 독촉사건

채 권 자 : ○   ○   ○

채 무 자 : ○   ○   ○

위 사건에 대하여 채무자는 다음과 같이 답변 및 결정을 구하고자 합니다.

- 다 음 -

청구취지에 대한 답변

1. 채권자의 신청을 기각한다.
2. 소송비용은 채권자의 부담으로 한다.
라는 판결을 구합니다.

청구사유에 대한 답변

1. 위 채권자는 신청 외 판매회사인 ○○○○이 포기한 권리(소멸시효가 이미 완성된
   ○○○의 미납대금)를 자산 양도 받아 이를 청구하는 자로서, 채권자가 일방적으
   로 주장하는 청구원인에서의 ○○○○. ○○. ○○. 동 물품을 구매하고 ○○개월
   이내에 이를 변제한다는 할부약정에 따라, ○○○○. ○○. ○○. 소멸시효의 기
   산일로 간주하더라도 채권자가 이 사건 지급명령을 신청한 ○○○○. ○○. ○○.
   까지 3년이 경과되어 소멸시효가 완성된 동 물품의 미납대금을 부당한 방법으로

채무자에게 청구하고 있는 자입니다.

2. 이는 '민법 제163조(3년간의 단기소멸시효) 제6호'에서 정한 법률에 의거, 채무자를 대상으로 청구취지의 금원을 더 이상 청구하여서는 안 되는 것임을 불구하고 채권자는 이를 알고도 채무자에게 의도적으로 거짓 사실을 알리어 불안감을 조성케 하고 공갈·사기·협박 등의 방법으로 채권자 자신이 마치 자격이 있는 것처럼 채무자를 기만하며 불법행위를 일삼고 있는 자들입니다. 채권자의 이 같은 행위는 '채권의 공정한 추심에 관한 법률 제9조(폭행·협박 등의 금지) 제9호, 제11조(거짓 표시의 금지 등)의 각호, 제13조(부당한 비용 청구 금지)의 제1항'에서 정한 법률에 크게 위배되는 범법행위로 일관하며 법을 악용하고 있습니다.

3. ○○○○. ○○. ○○. 당시 채무자는 미성년자의 신분으로 사리분별을 정확히 인지할 수 없는 나이였음에도 불구, 길을 지나던 중 신청 외 판매회사인 ○○○○의 소속 남성 직원들로부터 강제로 봉고차로 끌려가 강매로 ○○화장품을 구매하게 되었습니다.

구매당시 채무자는 학생의 신분이라 소득이 전무하고 또한 신청 외 부모님의 허락을 받아야만 구매가 가능함을 판매직원들에게 적극 알렸으나, 판매직원들은 그러한 절차를 굳이 거치지 않아도 된다며 강제로 동 물품을 구매토록 하였고, 이후 판매한 동 물품의 대금에 대하여 하루속히 이를 납부할 것을 협박(금융기관에 신용불량자로 등재 할 것을 고지), 공갈(약정위반에 따른 위약금 요구 및 사기행위로 인한 형사고소)에 의해 일부 금원을 판매회사로 납부를 한 사실이 있습니다.

4. 신청 외 판매회사의 협박·공갈로 인해 채무자는 본인의 신용 상 추후 문제가 초래될 수 있으며, 약정위반에 따른 위약금과 형법상에 처벌을 받을 수 있다는 것에 큰 위압감을 가져, 판매회사의 불공정한 거래행위로 구입한 동 물품에 대하여

조속히 반품처리 하여 줄 것을 수차례 판매회사에 요구하였으나, 요구 때마다 판매회사는 무성의한 태도로 일관하며 차일피일 반품일자를 미루기만 하였을 뿐, 적극적으로 이에 대하여 대처하여 주지 않았습니다.

그러던 중 판매회사로부터 더 이상의 채무독촉이 없었고, 자체적으로 문제해결을 한 것으로 채무자는 믿게 되었는데, 최근에 이르러 채권자가 채무자를 상대로 다시 금 청구취지의 금원을 청구하게 된 것입니다.

5. 당시에 채무자의 반품요구를 즉시 받아들여 정당한 방법으로 반품을 받아 주었다면 지금과 같은 결과가 분명 초래되지 않았을 것이고, 또한 지속적으로 유선으로 연락을 취하여 주었다면 이미 이전에 동 물품의 미납대금을 선의 적으로 성실하게 변제를 하였을 것인데, 신청 외 판매자는 판매자의 소임을 성실하게 이행하지 않아, 지금의 사태가 초래된 것이므로 이 모든 책임은 우선하여 판매자에게 있다할 것이고, 또한 이미 소멸시효가 완성된 자산을 양도받은 채권자 역시 채무자에게 이를 청구할 권리가 소멸된 것임에도 불구하고 채권자의 청구취지 및 청구사유에 대하여 이를 기각한다는 결정을 구하고자 이건 신청에 이르게 된 것입니다.

○○○○ 년 ○○ 월 ○○ 일

위 채무자 : ０ ０ ０ (인)

울산지방법원 독촉계 귀중

지급명령에 대한 이의신청서

사   건 : ○○○○차○○○○호   양수금청구

신 청 인(채무자) : ○   ○   ○

피신청인(채권자) : 주식회사 ○○○○대부

○○○○ 년 ○○ 일   ○○ 일

위 신청인(채무자) : ○ ○ ○   (인)

대전지방법원 독촉계 귀중

지급명령 이의신청서

1. 채권자

성 명	(주) ○○○○대부 법인등록번호 :
주 소	대전시 ○○구 ○○로 ○○, ○○빌딩 제○○○호
대 표 자	대표이사 ○○○
전 화	휴대전화 010 - 1234 - 0000
기타사항	이 사건 채권자입니다.

2. 채무자

성 명	○ ○ ○	주민등록번호	생략
주 소	대전시 유성구 ○○로 ○○, ○○○-○○○○호		
직 업	상업	사무실 주 소	생략
전 화	(휴대폰) 010 - 8711 - 0000		
기타사항	이 사건 채무자입니다.		

신청취지

위 당사자 간 ○○○○차○○○○호 양수금청구의 독촉사건에 대해 채무자는 귀원으로부터 ○○○○. ○○. ○○. 지급명령결정정본을 송달 받았으나, 채권자의 이 사건 청구는 ○○카드사의 신용카드이용대금을 헐값에 양수받아 채무자에게 양수금을 청구한 것이므로 연체일 ○○○○. ○○. ○○.부터 이 사건 지급명령이 접수된 ○○○○. ○○. ○○.까지는 5년이 이미 경과되어 소멸시효가 완성되었으므로 위 사건에 대해 채무자는 불복하여 이의신청을 합니다.

소명자료 및 첨부서류

1. 답변서 부본   3부

○○○○ 년 ○○ 월 ○○ 일

위 채무자(신청인) : ○ ○ ○   (인)

대전지방법원 독촉계 귀중

■ 지급명령 답변서 – 대부업체 카드사의 신용카드이용대금 양수금 소멸시효가 완성되어 청구기각을 구하는 답변서

답　변　서

<table>
<tr><td>재판장확인</td></tr>
<tr><td>·　·　·
·····················
······</td></tr>
</table>

사건번호 :　○○○○차○○○○호　양수금청구 독촉사건

채 권 자 : ○　　○　　○

채 무 자 : ○　　○　　○

<table>
<tr><td>부본영수</td></tr>
<tr><td>·　·　·
·····················
······</td></tr>
</table>

○○○○ 년 ○○ 월 ○○ 일

위 채무자 : ○　○　○　（인）

대전지방법원 독촉계 귀중

답 변 서

사건번호 : ○○○○차○○○○호   양수금청구 독촉사건

채 권 자 : ○   ○   ○

채 무 자 : ○   ○   ○

위 사건에 대하여 채무자는 다음과 같이 답변 및 결정을 구하고자 합니다.

- 다 음 -

청구취지에 대한 답변

1. 채권자의 신청을 기각한다.

2. 소송비용은 채권자의 부담으로 한다.

라는 판결을 구합니다.

청구사유에 대한 답변

1. 위 채권자는 신청 외 ○○카드사가 채무자에 대한 신용카드이용대금채권의
   추심을 포기한 권리를 자산 양도 받아 이를 청구하는 자로서, 채권자가 지
   급명령의 청구원인에서 주장하는 바와 같이 ○○○○. ○○. ○○.채무자가
   신용카드이용대금을 연체한 것을 채권자가 ○○○○. ○○. ○○. 양수받아
   이를 채무자에게 청구한 것으로 밝히고 있습니다.

2. 채권자가 청구원인에서 채무자가 ○○○○. ○○. ○○.부터 연체하였다고 주장하고 있고, 채권자가 양수받은 사실은 거론하지 않더라도 채권자가 채무자를 상대로 이 사건 지급명령을 신청한 날은 ○○○○. ○○. ○○.이므로 역수상 채무자가 ○○카드사의 신용카드이용대금을 연체한 ○○○○. ○○. ○○.부터 채권자가 이 사건 지급명령을 신청한 ○○○○. ○○. ○○.까지는 상법 제64조에서 정한 5년이 이미 경과되어 소멸시효가 완성된 것이므로 채권자의 이 사건 양수금청구는 청구권이 이미 소멸되었습니다.

3. 채권자는 지급명령신청에서 채무자에게 ○○○○. ○○. ○○. 이 사건 ○○카드사의 신용카드이용대금연체금을 양수받아 ○○○○. ○○. ○○. 채무자에게 내용증명을 발송하여 소멸시효가 중단되었음을 주장하고 있으나 채무자는 채권자로부터 그 어떠한 내용의 문서를 통하여 독촉을 받은 사실이 전혀 없고 설사 채무자가 채권자의 내용증명을 ○○○○. ○○. ○○. 송달받았다 가정하더라도 채권자는 내용증명을 발송한 ○○○○. ○○. ○○.부터 6개월 이내에 채무자를 상대로 청구를 하였으나 하나 채권자는 ○○○○. ○○. ○○. 이 사건 지급명령을 신청한 것이므로 여러모로 보나 채권자의 이 사건 지급명령신청은 이미 소멸시효가 완성되어 청구권이 소멸되었습니다.

4. 채무자로서는 너무나 오랜 시일이 흘러 기억은 없지만 ○○카드사의 신용카드이용대금은 연체일을 전후로 하여 모두 변제한 것으로 알고 있습니다.

5. 따라서 채권자는 신청 외 ○○카드사가 채무자에 대한 신용카드이용대금의 추심을 포기한 채권을 헐값에 양수받거나 이미 소멸시효가 완성된 채무자에 대한 신용카드이용대금채권을 ○○카드사로부터 덤으로 넘겨받은 것이

므로 채권자 역시 채무자에게 이를 청구할 권리가 소멸된 것임에도 불구하고 채권자의 청구취지 및 청구사유에 대하여 이를 기각한다는 결정을 구하고자 이건 신청에 이르게 된 것입니다.

소명자료 및 첨부서류

1. 지급명령결정   1통
2. 부채증명서   1통
3. 답변서 부본

○○○○ 년 ○○ 월 ○○ 일

위 채무자 : ○ ○ ○   (인)

대전지방법원 독촉계 귀중

지급명령에 대한 이의신청서

사   건 : ○○○○차전○○○○호 양수금청구

신 청 인(채무자) : ○   ○   ○

피신청인(채권자) : 주식회사 ○○자산관리대부

○○○○ 년 ○○ 일 ○○ 일

위 신청인(채무자) : ○ ○ ○   (인)

대전지법 천안지원 독촉계 귀중

지급명령 이의신청서

1. 채권자

성　　　명	(주) ○○자산관대부 법인등록번호 :
주　　　소	대전시 ○○구 ○○로길 ○○, ○○빌딩 ○○○호
대 표 자	사내이사 ○ ○ ○
전　　　화	휴대전화 010 - 9954 - 0000
기타사항	이 사건 채권자입니다.

2. 채무자

성　　　명	○ ○ ○	주민등록번호	생략
주　　　소	충남 천안시 ○○로 ○○, ○○○-○○○○호		
직　　　업	상업	사무실 주　소	생략
전　　　화	(휴대폰) 010 - 9543 - 0000		
기타사항	이 사건 채무자입니다.		

신 청 취 지

위 당사자 간 ○○○○차전○○○○호 양수금청구의 독촉사건에 대해 채무자는 귀원으로부터 ○○○○. ○○. ○○. 지급명령결정정본을 송달 받았으나, 채권자의 이 사건 청구는 ○○은행의 대출금채권을 헐값에 양수받아 채무자에게 양수금을 청구한 것이므로 연체일 ○○○○. ○○. ○○.부터 이 사건 지급명령이 접수된 ○○○○. ○○. ○○.까지는 5년이 경과되어 소멸시효가 완성된 것이므로 위 사건에 대해 채무자는 불복하여 이의신청을 합니다.

소 명 자 료 및 첨 부 서 류

1. 답변서 부본   3부

○○○○ 년 ○○ 월 ○○ 일

위 채무자(신청인) : ○ ○ ○ (인)

대전지법 천안지원 독촉계 귀중

답 변 서

재판장확인
· · · · ························· ······

사건번호 : ○○○○차전○○○○호   양수금청구 독촉사건

채 권 자 : ○   ○   ○

채 무 자 : ○   ○   ○

부본영수
· · · · ························· ······

○○○○ 년 ○○ 월 ○○ 일

위 채무자 : ○ ○ ○   (인)

대전지법 천안지원 독촉계 귀중

답 변 서

사건번호 : ○○○○차전○○○○호   양수금청구 독촉사건

채 권 자 : ○   ○   ○

채 무 자 : ○   ○   ○

위 사건에 대하여 채무자는 다음과 같이 답변 및 결정을 구하고자 합니다.

- 다 음 -

청구취지에 대한 답변

1. 채권자의 신청을 기각한다.
2. 소송비용은 채권자의 부담으로 한다.

라는 판결을 구합니다.

청구사유에 대한 답변

1. 위 채권자는 신청 외 ○○은행이 채무자에 대하여 가지는 대금금채권의 추심을 포기한 권리를 자산 양도 받아 이를 청구하는 자입니다.

   채권자가 지급명령의 청구원인에서 주장하는 바와 같이 ○○○○. ○○. ○○.채무자가 ○○은행에 대한 대출금을 연체하였고, 채권자가 ○○○○. ○○. ○○. 이를 양수받아 채무자에게 지급명령을 청구한 것으로 밝히고 있습니다.

2. 채권자는 청구원인에서 채무자가 ○○○○. ○○. ○○.부터 ○○은행의 대출금을 연체하였다고 주장하고 있으며 채권자가 채무자를 상대로 이 사건 지급명령을 신청한 날은 ○○○○. ○○. ○○.이므로 그렇다면 채무자가 ○○은행의 대출금을 연체한 ○○○○. ○○. ○○.부터 채권자가 이 사건 지급명령을 신청한 ○○○○. ○○. ○○.까지는 상법 제64조에서 정한 5년이 경과되어 이미 소멸시효가 완성된 것이므로 채권자의 이 사건 양수금청구는 청구권이 소멸되었으므로 가각되어야 할 것입니다.

3. 채권자는 지급명령신청에서 채무자에게 ○○○○. ○○. ○○. 무렵 대출금상환을 요구하는 문구가 담긴 안내문을 발송하였다고 주장하고 있습니다.

4. 설사 채권자가 채무자에게 위의 문구가 담긴 안내문의 성격은 내용증명으로 간주하더라도 내용증명이 소멸시효를 중단하는 것이 아니므로 채무자는 채권자로부터 내용의 문서나 안내문을 받은 사실도 없고 채무자가 채권자의 내용증명을 ○○○○. ○○. ○○.송달받았다 가정하더라도 채권자는 내용증명을 발송한 ○○○○. ○○. ○○.부터 6개월 이내에 채무자를 상대로 청구를 하였으나 함에도 불구하고 채권자는 ○○○○. ○○. ○○.에 이 사건 지급명령을 신청한 것이므로 여러모로 보나 채권자의 이 사건 지급명령신청은 이미 소멸시효가 완성되어 청구권이 소멸된 것입니다.

5. 따라서 채무자로는 오랜 시일이 흘러 기억은 나지 않지만 ○○은행의 대출금은 연체일을 전후로 하여 모두 변제한 것으로 알고 있습니다.

6. 채권자는 신청 외 ○○은행의 채무자에 대한 대출금의 추심을 아예 포기한 채권을 헐값에 양수받았거나 이미 소멸시효가 완성된 채무자에 대한 대출금채권을 ○○은행으로부터 덤으로 그냥 넘겨받은 것이므로 채권자 역시 채무자에게 이를 청구할 권리가 소멸된 것이므로 채권자의 청구취지 및 청구사유에 대하여 이를 기각한다는 판결을 구하고자 이건 신청에 이르게 된 것입니다.

소명자료 및 첨부서류

1. 부채증명서   1통

3. 답변서 부본

○○○○ 년 ○○ 월 ○○ 일

위 채무자 : ○ ○ ○ (인)

대전지법 천안지원 독촉계 귀중

지급명령결정에 대한 이의신청서

사 건 : ○○○○차○○○○호   물품대금청구 독촉사건

채권자 : ○   ○   ○

채무자 : ○   ○   ○

위 사건에 관하여 채무자는 귀원으로부터 ○○○○. ○○. ○○. 지급명령결정을 송달받았으나, 다음과 같은 이유로 이의신청을 합니다.

이의사유

1. 채무자는 채권자와 ○○○○. ○○. ○○.까지 약 ○○년여를 거래했으며 그 물품대금 또한 모두 변제하고 거래를 중지하였으며 원고가 제출한 증거자료 중 거래처 원장은 채권자가 일방적으로 기재한 내용일 뿐입니다.

2. 민법 제163조 6항 물품대금청구에 대한 소멸시효는 3년입니다.

   가사 일부지급하지 못한 물품대금잔금이 남아있다고 하더라도 ○○○○. ○○. ○○.경 거래가 중지되었기 때문에 소멸시효가 완성되었습니다.

3. 만약 채권자가 물품대금잔금이 남았다면 아마도 ○○○○.경 당시 청구하였을 것입니다.

그러나 ○○○○.○○. ○○.까지 아무런 청구도 하지 않았다는 사실은 잔금이 남아있지 않는다는 증거입니다.

소명자료 및 첨부서류

1. 답변서 부본   2부

○○○○ 년 ○○ 월 ○○ 일

위 채무자 : ○ ○ ○   (인)

오산시법원 독촉계 귀중

답 변 서

사 건 : ○○○○차○○○○호 물품대금청구 독촉사건

채권자 : ○ ○ ○

채무자 : ○ ○ ○

위 사건에 관하여 채무자는 다음과 같이 답변합니다.

- 다 음 -
신청취지에 대한 답변

1. 채권자의 청구를 기각한다.
2. 소송비용은 채권자의 부담으로 한다.
라는 재판을 구합니다.

청구원인에 대한 답변

1. 당사자 간의 관계에 대하여

　　가. 채무자는 ○○○○. ○○. ○○. 오산서점을 운영하였으며 채권자는 도서총판을
　　　　경영하고 있었습니다.

이러한 관계로 채권자와 채무자는 ○○○○. ○○. ○○. 거래를 맺는 계약을 체결하였습니다.

나. 채무자는 채권자에게 책을 주문하고 그 대금은 1개월가량 후에 지급하는 방식 이었고 일부는 잔금으로 남겨놓은 적도 있었습니다.

그리고 잔금의 지급은 현금으로 지급하기도 하고 책을 반환하는 것으로도 갈음하였습니다.

2. 채권자의 억지주장에 대하여

가. 채무자는 ○○○○. ○○. ○○. 오산서점의 계약만료가 되어 재계약을 하려고 시도하였으나 재계약이 무산되는 바람에 서점경영을 그만두게 되었습니다.

그만 두기 2개월 전부터 채무자는 채권자에게 아무런 책도 매입하지 않았고 남은 잔금도 현금과 책으로 반환하는 방법으로 모두 변제 하였습니다.

나. 이러한 사유로 채권자는 채무자에게 책 대금을 변제하라는 아무런 통보도 하지 않았고 설령 채무자의 연락처를 몰라 청구하지 않았다 한다면 연락처 또한 오산서점에 부착도 해놓았고 옆 가게에서 알아보면 바로 알 수 있었습니다.

그러나 채권자는 5년이 훨씬 경과된 ○○○○. ○○. ○○. 물품대금을 지급하라는 소송을 제기하여 채무자는 너무나도 황당합니다.

다. 가사 채무자가 물품대금을 지급하지 못하였다 하더라도 민법 제163조 6항 물품대금청구에 대한 소멸시효는 3년입니다.

따라서 채권자와 채무자의 거래는 ○○○○. ○○. ○○. 중지되었기 때문에 소멸시효가 완성되었습니다.

3. 결어

채권자는 수원시에서 출판물 도매업을 하는 상당히 큰 업체입니다.

따라서 이 사건 소송에 대하여 채권자는 많은 법을 알고 있었을 것이 지만 채무자를 법원에 출석하게 하여 곤경에 빠뜨리게 하려는 의도가 다분히 있다고 생각됩니다.

이러한 사유로 채권자의 청구를 기각하여 주시기 바랍니다.

소명자료 및 첨부서류

1. 소 을제1호증   임대차계약서
1. 소 을제2호증   사업자등록증(폐업증명서)
1. 소 을제3호증   정산내역서

○○○○ 년 ○○ 월 ○○ 일

위 채무자 : ○○○   (인)

오산시법원 독촉계 귀중

지급명령에 대한 이의신청서

사   건 : ○○○○차○○○○호 양수금청구 독촉사건

채 권 자 : ○○자산관리 주식회사

채 무 자 : ○   ○   ○

순천지원 여수시법원 귀중

지급명령에 대한 이의신청서

1. 채권자

성 명	○○자산관리 주식회사(법인등록번호 :)
주 소	○○시 ○○구 ○○로길 ○○, ○○○호
대 표 자	이사 ○○○
전 화	(휴대폰) 무지
기타사항	이 사건 채권자입니다.

2. 채무자

성 명	○○○	주민등록번호	생략
주 소	전라남도 여수시 ○○길 ○○, ○○○호		
직 업	생략	사무실 주 소	생략
전 화	(휴대폰) 010 - 5432 - 0000		
기타사항	이 사건 채무자입니다.		

신청취지

위 당사자 간 귀원 ○○○○차○○○○호 양수금청구의 독촉사건에 관하여 채무자는 지급명령정본을 ○○○○. ○○. ○○.에 송달 받았으나, 채권자의 청구에 응할 하등의 이유가 없으므로 이의신청을 합니다.

○○○○ 년 ○○ 월 ○○ 일

위 채무자(신청인) : ○ ○ ○ (인)

순천지원 여수시법원 귀중

답 변 서

<table>
<tr><td>재판장확인</td></tr>
<tr><td>.   .   .
................................</td></tr>
</table>

사건번호 : ○○○○차○○○○호   양수금청구 독촉사건

채 권 자 : ○○자산관리 주식회사

채 무 자 : ○   ○   ○

<table>
<tr><td>부본영수</td></tr>
<tr><td>.   .   .
................................</td></tr>
</table>

○○○○ 년 ○○ 월 ○○ 일

위 채무자 : ○ ○ ○ (인)

순천지원 여수시법원 귀중

답 변 서

사건번호 : ○○○○차○○○○호   양수금청구 독촉사건

채 권 자 : ○○자산관리 주식회사

채 무 자 : ○   ○   ○

위 사건에 대하여 채무자는 다음과 같이 답변 및 결정을 구하고자 합니다.

- 다 음 -

청구취지에 대한 답변

1. 채권자의 신청을 기각한다.
2. 소송비용은 채권자의 부담으로 한다.
라는 판결을 구합니다.

청구사유에 대한 답변

1. 채권자는 신청 외 주식회사 ○○은행(이하 다음으로는 '○○은행'라고 줄여 쓰겠습니다)가 채무자에게 ○○○○. ○○. ○○. 신용대출 한 금 ○○,○○○,○○○원을 ○○○○. ○○. ○○.변제하기로 하였으나 이를 변제하지 않은 채권에 대하여 신청 외 ○○은행으로부터 ○○○○. ○○. ○○.양수받아 양수금을 청구한다고 주장하고 있습니다.

2. 한편 채권자는 채무자가 신청 외 ○○은행에게 ○○○○. ○○. ○○.대출을 받은

것인데 이를 ○○○○. ○○. ○○.부터 변제하지 않았다고 주장하고 있는데 이는 채권자가 신청 외 ○○은행의 대출업무와 신용카드대출업무는 상법 제46조 제8호에 의한 기본적 상행위에 해당됩니다.

상행위로 인한 채권의 소멸시효에 관하여 판례는 당사자 쌍방에 대하여 모두 상행위가 되는 행위로 인한 채권뿐만 아니라 당사자 일방에 대하여만 상행위에 해당하는 행위로 인한 채권도 상법 제64조 소정의 5년의 소멸시효기간이 적용되는 상사채권에 해당한다(2002년9월24일 선고 2002다6760,6777판결. 2005년5월27일 선고 2005다7863호 판결 참조)고 판시하고 있습니다.

3. 채권자의 신청 외 ○○은행의 채무자에 대하여 한 대출업무는 상법에 적용되는 상행위이므로 따라서 그 원금 및 지연이자금의 소멸시효기간은 5년이라 할 것인바 그렇다면 이 또한 이미 모두 소멸된 것이므로 채권자에게는 청구권이 이미 소멸된 것입니다.

채권자는 더 이상 청구할 수 없는 ○○은행의 채무자에 대한 대출금을 청구한 것이므로 기각을 면치 못할 것입니다,

4. 그러므로 채권자의 채무자에 대한 이 사건 양수금 청구는 채무자가 채권자에 대해 부담하는 채무는 대출계약으로 인한 상법 제64조에 따라 신청 외 ○○은행이 ○○○○. ○○. ○○. 대출한 금 ○○,○○○,○○○원은 ○○○○. ○○. ○○.변제하기로 한 이상 ○○○○. ○○. ○○.을 연체일로 기산하여 채권자가 이 사건 지급명령을 청구한 ○○○○. ○○. ○○.까지 무려 5년이 훨씬 경과되어 시효로 이미 소멸한 것이므로 채권자의 이 사건의 청구를 기각해 주시기 바랍니다.

소명자료 및 첨부서류

1. 소 을제1호증   대출약정서(지명령신청서에 첨부된) 부본
2. 소 을제2호증   부채증명서
3. 필요에 따라 수시 제출하겠습니다.
4. 답변서 부본

                    ○○○○ 년 ○○ 월 ○○ 일

                                위 채무자 : ○ ○ ○   (인)

순천지원 여수시법원 귀중

지급명령에 대한 이의신청서

사   건 : ○○○○차○○○○호 양수금청구 독촉사건

채   권   자 : ○○자산대부 주식회사

채   무   자 : ○   ○   ○

고양지원 파주시법원 귀중

지급명령에 대한 이의신청서

1. 채권자

성 명	○○자산관리 (주)(법인등록번호 :)
주 소	서울시 은평구 ○○로 ○○, ○○빌딩 ○○○호
대 표 자	대표이사 ○ ○ ○
전 화	(휴대폰) 무지
기타사항	이 사건 채권자입니다.

2. 채무자

성 명	○ ○ ○	주민등록번호	생략
주 소	경기도 파주시 ○○길 ○○, D주택 ○○○호		
직 업	생략	사무실 주 소	생략
전 화	(휴대폰) 010 - 9954 - 0000		
기타사항	이 사건 채무자입니다.		

신청취지

위 당사자 간 귀원 ○○○○차○○○○호 양수금청구 독촉사건에 관하여 채무자는 지급명령정본을 ○○○○. ○○. ○○.에 송달 받았으나, 채권자의 청구에 응할 하등의 이유가 없으므로 이의신청을 합니다.

○○○○ 년 ○○ 월 ○○ 일

위 채무자(신청인) : ○ ○ ○   (인)

고양지원 파주시법원 귀중

답 변 서

재판장확인
. . .
....

사건번호 : ○○○○차○○○○호   양수금청구 독촉사건

채 권 자 : ○○자산대부 주식회사

채 무 자 : ○   ○   ○

부본영수
. . .
....

○○○○ 년 ○○ 월 ○○ 일

위 채무자 : ○   ○   ○   (인)

고양지원 파주시법원 귀중

답 변 서

사건번호 : ○○○○차○○○○호   양수금청구 독촉사건

채 권 자 : ○○자산대부 주식회사

채 무 자 : ○   ○   ○

위 사건에 대하여 채무자는 다음과 같이 답변 및 결정을 구하고자 합니다.

- 다 음 -
청구취지에 대한 답변

1. 채권자의 신청을 기각한다.
2. 소송비용은 채권자의 부담으로 한다.
라는 판결을 구합니다.

청구사유에 대한 답변

1. 채권자는 신청 외 주식회사 ○○신용협동조합(이하 다음으로는 '○○조합'이라고 줄여 쓰겠습니다)가 채무자에게 ○○○○. ○○. ○○. 신용대출 한 금 5,000,000원을 ○○○○. ○○. ○○.변제하기로 하였으나 이를 변제하지 않았던 채권을 신청 외 ○○조합으로부터 ○○○○. ○○. ○○.양수받은 것이라고 주장하고 있습니다.

2. 채무자는 신청 외 ○○조합으로부터 신용대출을 받은 것은 사실이지만 그 무렵 너무나도 오래된 것이라 어렴풋이 생각은 나는데 모두 다 갚은 것으로 기억하고 있습니다.

3. 한편 채권자는 채무자가 신청 외 ○○조합으로부터 ○○○○. ○○. ○○.대출(신용대출)을 받은 것인데 이를 변제하지 않았다고 주장하고 있는데 이는 채권자가 신청 외 ○○조합의 대출업무와 신용카드대출업무에 대해서는 상법 제46조 제8호에 의한 기본적 상행위에 해당하므로 5년간 이를 행사하지 않으면 소멸시효가 완성되어 청구권이 소멸됩니다.

4. 상행위로 인한 채권의 소멸시효에 관하여 대법원의 중요한 판례는 당사자 쌍방에 대하여 모두 상행위가 되는 행위로 인한 채권뿐만 아니라 당사자 일방에 대하여만 상행위에 해당하는 행위로 인한 채권도 상법 제64조 소정의 5년의 소멸시효기간이 적용되는 상사채권에 해당한다(2002년9월24일 선고 2002다6760,6777판결. 2005년5월27일 선고 2005다7863호 판결 참조)고 판시하고 있습니다.

5. 따라서 채권자의 신청 외 ○○조합의 채무자에 대한 대출업무는 상법에 적용되는 상행위이므로 채무자가 대출금을 변제하지 않았다고 하더라도 그 원금 및 지연이자금의 소멸시효기간은 5년이라 할 것인바 이 또한 이미 모두 소멸된 것입니다.

6. 그러므로 채권자의 채무자에 대한 이 사건 양수금은 채무자가 채권자에 대해 부담하는 채무가 대출계약으로 인한 상법 제64조에 따라 신청 외 ○○조합이 ○○○○. ○○. ○○. 대출한 금 5,000,000원은 ○○○○. ○○. ○○.변제하기로 한 이상 ○○○○. ○○. ○○.을 변제기일로 하더라도 연체일 ○○○○. ○○. ○○.로부터 채권자가 이 사건 지급명령을 신청한 ○○○○. ○○. ○○.까지는 5년이 훨씬 경과되어 소멸시효가 완성되었으므로 채권자의 이 사건 지급명령의 신청은 기각되어야 할 것입니다.

이에 채무자는 지급명령에 대한 이의신청을 하고 채권자의 청구에 대하여 청구기각을 구하는 답변서를 제출하기에 이른 것입니다.

소명자료 및 첨부서류

1. 소 을제1호증   대출약정서부본
2. 답변서 부본

○○○○ 년 ○○ 월 ○○ 일

위 채무자 : ○   ○   ○   (인)

고양지원 파주시법원 귀중

지급명령에 대한 이의신청서

사   건 : ○○○○차○○○○호 양수금청구 독촉사건

채 권 자 : ○○자산대부 주식회사

채 무 자 : ○   ○   ○

대전지방법원 홍성지원 귀중

지급명령에 대한 이의신청서

1. 채권자

성 명	○○자산관리 (주)(법인등록번호 :)
주 소	대전시 ○○구 ○○로 ○○, ○○빌딩 ○○○호
대 표 자	대표이사 ○ ○ ○
전 화	(휴대폰) 무지
기타사항	이 사건 채권자입니다.

2. 채무자

성 명	○ ○ ○	주민등록번호	생략
주 소	충청남도 홍성군 홍성읍 ○○길 ○○, ○○○호		
직 업	생략	사무실 주 소	생략
전 화	(휴대폰) 010 - 8754 - 0000		
기타사항	이 사건 채무자입니다.		

신청취지

위 당사자 간 귀원 ○○○○차○○○○호 양수금청구 독촉사건에 관하여 채무자는 지급명령정본을 ○○○○. ○○. ○○.에 송달 받았으나, 채권자의 청구에 응할 하등의 이유가 없으므로 이의신청을 합니다.

○○○○ 년 ○○ 월 ○○ 일

위 채무자(신청인) : ○　○　○　　(인)

대전지방법원 홍성지원 귀중

답 변 서

재판장확인
． ． ．
‥‥‥‥‥‥‥‥‥‥‥‥

사 건 번 호 ： ○○○○차○○○○호 양수금청구의 독촉사건

채 권 자 ：○   ○   ○

채 무 자 ：○   ○   ○

부본영수
． ． ．
‥‥‥‥‥‥‥‥‥‥‥‥

○○○○ 년 ○○ 월 ○○ 일

위 채무자 : ○ ○ ○   (인)

대전지방법원 홍성지원 귀중

답 변 서

사 건 번 호 : ○○○○차○○○○호 양수금청구의 독촉사건

채 권 자 : ○   ○   ○

채 무 자 : ○   ○   ○

위 사건에 대하여 채무자는 다음과 같이 답변서를 제출합니다.

- 다 음 -
청구취지에 대한 답변

1. 채권자의 청구를 기각한다.
2. 소송비용 및 독촉절차비용은 채권자의 부담으로 한다.
라는 판결을 구합니다.

청구원인에 대한 답변

(1) 위 채권자는 신청 외 주식회사 ○○저축은행(이하 앞으로는'저축은행'으로만 줄여
    쓰겠습니다)이 포기한 권리(소멸시효가 완성된 대출금)를 자산양도 받아 이를
    청구하는 자로서, 채권자가 일방적으로 주장하는 청구사유에 의하면 채무자가
    ○○○○. ○○. ○○. 위 ○○은행에서 대출을 받으면서 위 대출금은 ○○○○.
    ○○. ○○.에 변제하기로 하였던 것인데 이를 채무자가 변제하지 않고 있다는

주장입니다.

(2) 채권자가 주장하는 바와 같이 ○○○○. ○○. ○○.이를 변제한다는 대출약정에 따라 채무자가 변제하지 못했더라도 ○○○○. ○○. ○○.을 소멸시효의 연체일로 간주하더라도, 채권자가 이 사건 지급명령을 ○○○○. ○○. ○○. 신청하였으므로 5년이 훨씬 경과되어 소멸시효가 이미 완성된 동 대출금을 양수받아 채무자에게 청구한 것입니다.

(3) 상법 제64조(상사시효) 상행위로 인한 채권은 본법에 다른 규정이 없는 때에는 5년간 행사하지 아니하면 소멸시효가 완성한다. 에서 정한 법률에 의거, 채무자를 대상으로 청구취지의 금원을 더 이상 청구할 수 없음에도 불구하고 법을 모르는 채무자에게 의도적으로 청구권이 이미 소멸된 ○○저축은행의 대출금을 양수받아 채무자에게 청구한 것입니다.

(4) 채무자는 ○○저축은행으로부터 대출을 받은 것은 사실이지만 연체일을 전후로 하여 그 무렵 채무자는 ○○저축은행에 위 대출금을 모두 변제한 것으로 알고 있으나 시일이 오래 되어 변제한 근거를 찾을 수 없을 뿐 모두 변제한 것은 사실입니다.

(5) 또한 이미 소멸시효가 완성된 자산을 양도받은 채권자 역시 채무자에게 이를 청구할 권리가 없으므로 채권자의 신청취지 및 신청이유에 대하여 기각한다는 판결을 구하고자 이 사건 신청에 이르게 된 것입니다.

소명자료 및 첨부서류

1. 을 제1호증   대출약정서

　　　　　　　　○○○○ 년 ○○ 월 ○○ 일

　　　　　　　　　　　　　　　위 피고 : ○　○　○　(인)

춘천지방법원 속초지원 귀중

■ **대한법률콘텐츠연구회** ■

◆ 편 저 : 법률용어사전

　　　　건설 법전
　　　　산재판례 100선
　　　　판례 소법전
　　　　손해배상과 불법 행위
　　　　필수 산업재해 보상법
　　　　산업재해 이렇게 해결하라

지급명령 이의신청서·답변서
작성방법

2022년　09월　10일　인쇄
2022년　09월　15일　발행

편　　저　　대한법률콘텐츠연구회
발행인　　김현호
발행처　　법문북스
공급처　　법률미디어

주소　서울 구로구 경인로 54길4(구로동 636-62)
전화　02)2636-2911~2,　팩스 02)2636-3012
홈페이지　www.lawb.co.kr

등록일자　1979년 8월 27일
등록번호　제5-22호

ISBN 979-11-92369-33-4(13360)

정가　24,000원

이 도서의 국립중앙도서관 출판예정도서목록(CIP)은 서지정보유통지원시스템 홈페이지(http://seoji.nl.go.kr)와 국가
자료종합목록 구축시스템(http://kolis-net.nl.go.kr)에서 이용하실 수 있습니다.

채무자가 스스로 대부업체 등이 신청한 지급명령을 송달받았으면
소멸시효가 완성된 채권의 여부를 확인할 수 있고 지급명령신청에 대응하여
이의신청을 하는 방법과 청구기각을 구하는 답변서를 작성해 제출함으로써
대부업체 등이 청구한 지급명령을 각하시키는 그 절차와 방법을
보다 자세히 알려드리고 영원히 그 채무에서 벗어날 수 있도록
실무 지침서를 적극 권장하고 싶습니다.

13360

ISBN 979-11-92369-33-4

24,000원